AUNT IN THE AMAZON
La Tía en la Selva Amazónica

AUNT IN THE AMAZON
La Tía en la Selva Amazónica

A TRUE ADVENTURE COLORING BOOK STORY

UNA VERDADERA HISTORIA DE AVENTURAS Y LIBRO PARA COLOREAR

Story and illustrations by
Historia e ilustraciones por

DIANE WALLACE

This is a true adventure story about a five-day trip I took down the Amazon River while traveling alone for two months in South America. I wrote it for my niece in hopes of inspiring curiosity about the world, interest in other cultures and a desire to travel without fear.

Esta es una historia de aventura basada en hechos reales cuando tomé un viaje de cinco días al Río Amazonas, mientras viajaba sola por dos meses en Sur América. La escribí para mi sobrina con la esperanza de inspirarle curiosidad por el mundo, interés en otras culturas y el deseo de viajar sin temor.

Aunt Goes to the Jungle

La tía va a la selva

This is a story about an adventurous aunt, possibly your very own aunt. It is not about an uncle. Aunt liked visiting different countries. She especially liked places with animals and plants she had never seen.

Esta es la historia de una tía aventurera, quizás como tu propia tía. No se trata de un tío. A la tía le gustaba visitar diferentes países, particularmente donde había animales y plantas extrañas.

One time Aunt went to the Amazon rain forest, a jungle in Peru. While she was sleeping late at night, she woke up in that jungle. She was afraid. Her heart was beating very quickly. Aunt did not like waking up late at night. She had been dreaming about bears snuffling near her bed. She was not used to the noises in a jungle.

Una vez la tía fue a la selva amazónica, una jungla en Perú. La tía se despertó asustada en medio de la selva. Ella tenía miedo y su corazón latía rápidamente. No le gustaba despertarse a medianoche. La tía estaba soñando con unos osos olfateando cerca de su cama. Ella no estaba acostumbrada a los ruidos de una selva.

Late at Night

Muy de noche

There are a lot of animals in the Amazon jungle, but not usually bears. The dream is not what woke her up. Aunt heard something scream loudly in the middle of the night. A jungle is incredibly noisy and she wasn't sleeping deeply.

Hay muchos animales en la selva del Amazonas, aunque por lo regular no hay osos. El sueño no fue lo que la despertó, sino algo así como un grito en medio de la noche. La selva era increíblemente ruidosa y ella no podía dormir.

In the Amazon jungle there were birds peeping, frogs croaking, insects buzzing, turtles dunking and hundreds of other unknown creatures making their peculiar sounds.

En la jungle del Amazonas había pájaros cantando, ranas croando, insectos zumbando, tortugas sumergiéndose y cientos más de criaturas extrañas emitiendo sus sonidos peculiares.

Screams in the Night

Gritos en la noche

Aunt usually traveled with earplugs, just in case she was staying in a noisy city. Aunt was a light sleeper. The Amazon jungle was just as noisy as a big city, except the noise was not from people or cars. Aunt had searched in all of her bags but could not find her earplugs. They were definitely lost. Without her earplugs to muffle the night sounds, she was startled awake all alone late at night in the Amazon jungle.

La tía usualmente llevaba tapones para sus oídos por si acaso se hospedaba en una ciudad ruidosa. La selva Amazónica era ruidosa como una gran ciudad, pero el ruido no era de personas ni coches. La tía había buscado los tapones en su bolsa, pero no pudo encontrarlos. Definitivamente se habían perdido. Sin sus tapones para silenciar los ruidos de la noche ella no podía dormir bien. La tía estaba sola de noche en medio de la selva.

Aunt wondered where her guides were. Her guides, Fernando the father, and Javier the son, had brought her to the Amazon jungle on a bus boat. The boat had benches to sit on and hammocks to relax in. There are no paved roads deep in the jungle. People traveled by boat.

La tía se preguntaba, ¿dónde estaban sus guías? Sus guías Fernando, el padre y Javier, el hijo, la habían traído a la selva amazónica en un barco-autobús. El barco tienía bancos para sentarse y hamacas para relajarse. No había calles de asfalto en la selva. La gente viajaba en botes.

Pancho the Monkey

Pancho el mono

While Aunt traveled on the bus boat, which sat low in the water, she noticed that monkeys and goats were also passengers traveling down the river. They were not relaxing in the hammocks. One small pet monkey was jumping from one shoulder to another. He was on a long leash to keep him from bothering the other passengers. His name was Pancho.

Mientras la tía viajaba en un barco-autobús, que navegaba por la superficie del agua, se dio cuenta de que también había monos y cabras viajando por el río. Ellos no estaban relajándose en las hamacas. Un mono mascota brincaba de hombro a hombro. Él estaba atado a una larga correa para que no molestara a los otros pasajeros. Su nombre era Pancho.

Goats Don't Relax in Hammocks

Las cabras no se relajan en hamacas

There were goats bleating and not very happy about being in a boat on the river. Goats don't like relaxing in hammocks and don't like to swim in the Amazon River.

Había cabras balando, pues no estaban muy contentas con la idea de estar en el río. A las cabras no les gusta relajarse en las hamacas ni tampoco nadar en el río Amazonas.

There were no vending machines on the boat, so you had to bring your own snacks. If you didn't have a snack you could buy things to eat from a food boat. The boats pulled up next to the bus boats and showed the passengers what they offered to eat that day. The boat vender lifted lids from big pots and shouted out what was inside of them.

No había máquinas expendedoras en el bote, así que tenías que llevar tu propia comida. Si no llevabas comida, podías comprarla a los de la lancha con comida. Las lanchas se acercaban a los barco-autobuses y mostraban a los pasajeros lo que ofrecían ese día para comer. El vendedor de la lancha con comida levantaba las tapas de ollas grandes y gritaba los nombres de lo que tenían.

Food Boat

Lancha con comida

The boat vendor had turtle soup but Aunt did not choose that dish. She wasn't comfortable eating turtles so she tried a steamed fish wrapped in banana leaves and it was very good. There are no McDonald's, Chucky Cheeses or other fast food restaurants on the Amazon River. Everything is fresh and from the jungle or the river.

Ese día la vendedora de la lancha tenía sopa de tortuga, pero la tía no eligió ese platillo. No se sentía cómoda comiendo tortugas, así que probó un pescado al vapor envuelto en hojas de plátano y estaba muy rico. En el río Amazonas no hay McDonald's, Chucky Cheese ni otros restaurantes de comida rápida. Todo es fresco y viene de la selva o del río.

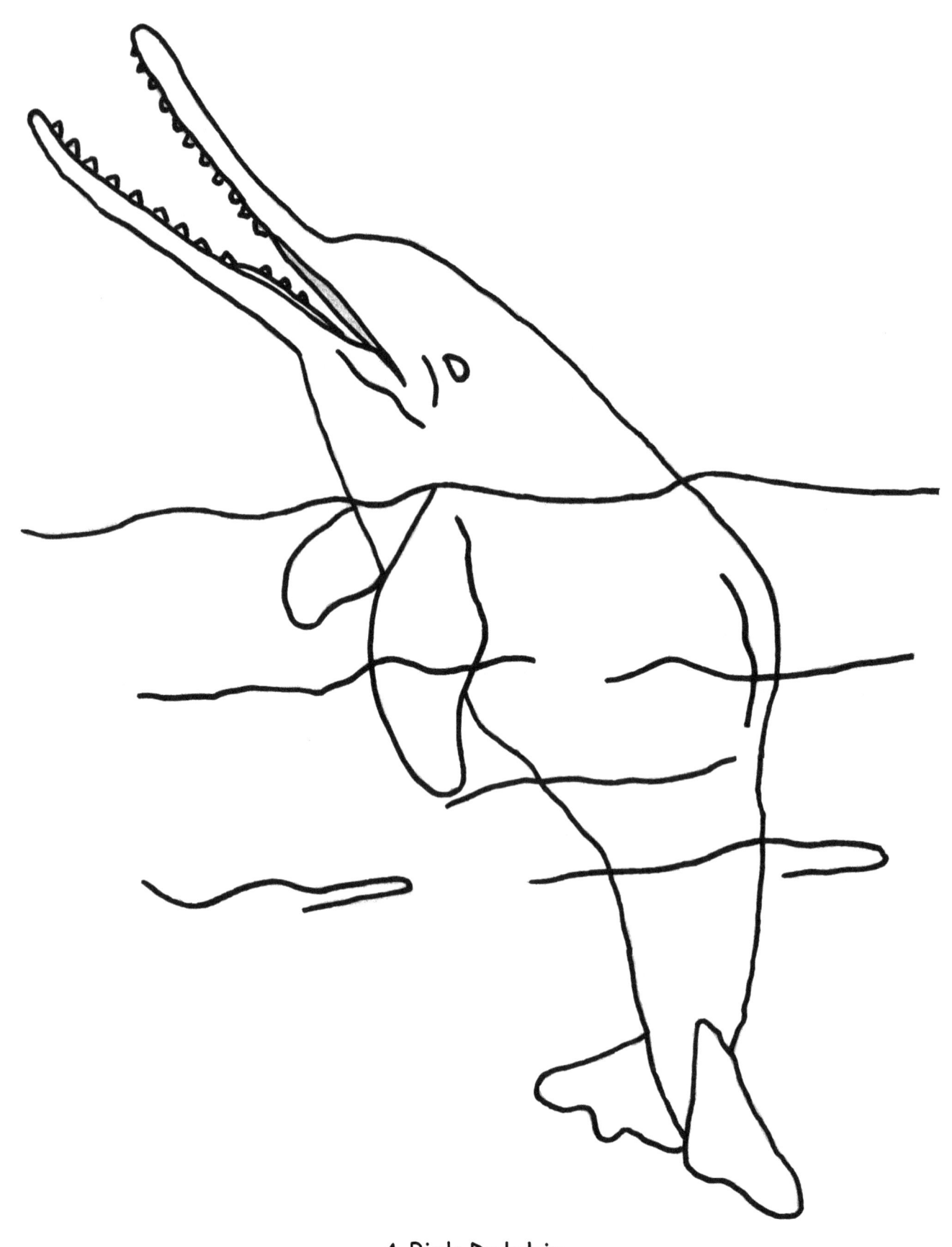

A Pink Dolphin

Un delfín rosado

After lunch, Aunt put the banana skin wrapper in the river for the small fish to nibble on. The nibbling fish attracted a river dolphin. Dolphins usually live in the ocean, but there are some dolphins that live in rivers. River dolphins are pink and very funny looking. This particular dolphin was friendly and swam very close to the boat. Aunt wondered if it would like turtle soup. The dolphin took one of the banana leaves in his mouth and swam away. Aunt said goodbye to the dolphin and went on her way with the guides down the Amazon River.

Después de la comida la tía puso las hojas de plátano en el río para que los pececitos las mordisquearan. Al mordisquear los pececitos atrajeron un delfín del río. Por lo general los delfines viven en el mar, pero hay algunos que viven en ríos. Los delfines de los ríos son rosados y parecen muy chistosos. Este delfín en particular era muy amistoso y nadaba muy cerca de la lancha. Tía se preguntaba si le gustaría sopa de tortuga al delfín. El delfín tomó una de las hojas de plátano en su boca y se fue nadando. Tía se despidió del delfín y siguió su camino con los guías por el río Amazonas.

A House Built of Sticks

Una casa construida con palos

After the boat ride the guides took Aunt to a house built of sticks next to the Amazon River in Peru. The guides, Fernando and Xavier built the stick house with their own hands. They made it from the trees and plants in the jungle. Steps were carved from logs and the roof was layered with leaves. Stick walls were tied together with twine.

Después del viaje en la bota los guías la llevaron Tía a una casa hecha de palos al lado del Río Amazónico en Perú. Los guías Fernando y Xavier construyeron la casa de palos con sus propias manos. Las construyeron de los árboles y las plantas de la selva. Los escalones eran tallados de troncos y el techo hecho de capas de hojas. Las paredes de palo estaban amarradas con mecate.

The stick-built house sat high off the ground to keep everyone dry. It rains a lot in the jungle and sometimes the river flooded the banks and went all the way to the front door of the house. Fernando and Xavier would have to leave their house by boat when the river was that high.

La casa hecha de palos estaba elevada de la tierra, para mantenerse seca, pues llueve mucho en la selva y a veces el río se inunda y el agua llega hasta las puertas de las casas. Fernando y Javier sólo podían salir de casa en canoa cuando el río estaba tan crecido.

The stick-built house looked like a big insect with many skinny legs. The skinny stick legs were strong enough to hold the house up, even during a big flood. In the house there were hammocks and bamboo beds to sleep in.

La casa de palos parecía un gran insecto con muchas patas flacas. Las patas flacas eran lo suficientemente fuertes para sostener la casa en alto, aún en caso de que hubiera un gran inundación. Adentro de la casa había hamacas y camas hechas de bambú para dormir.

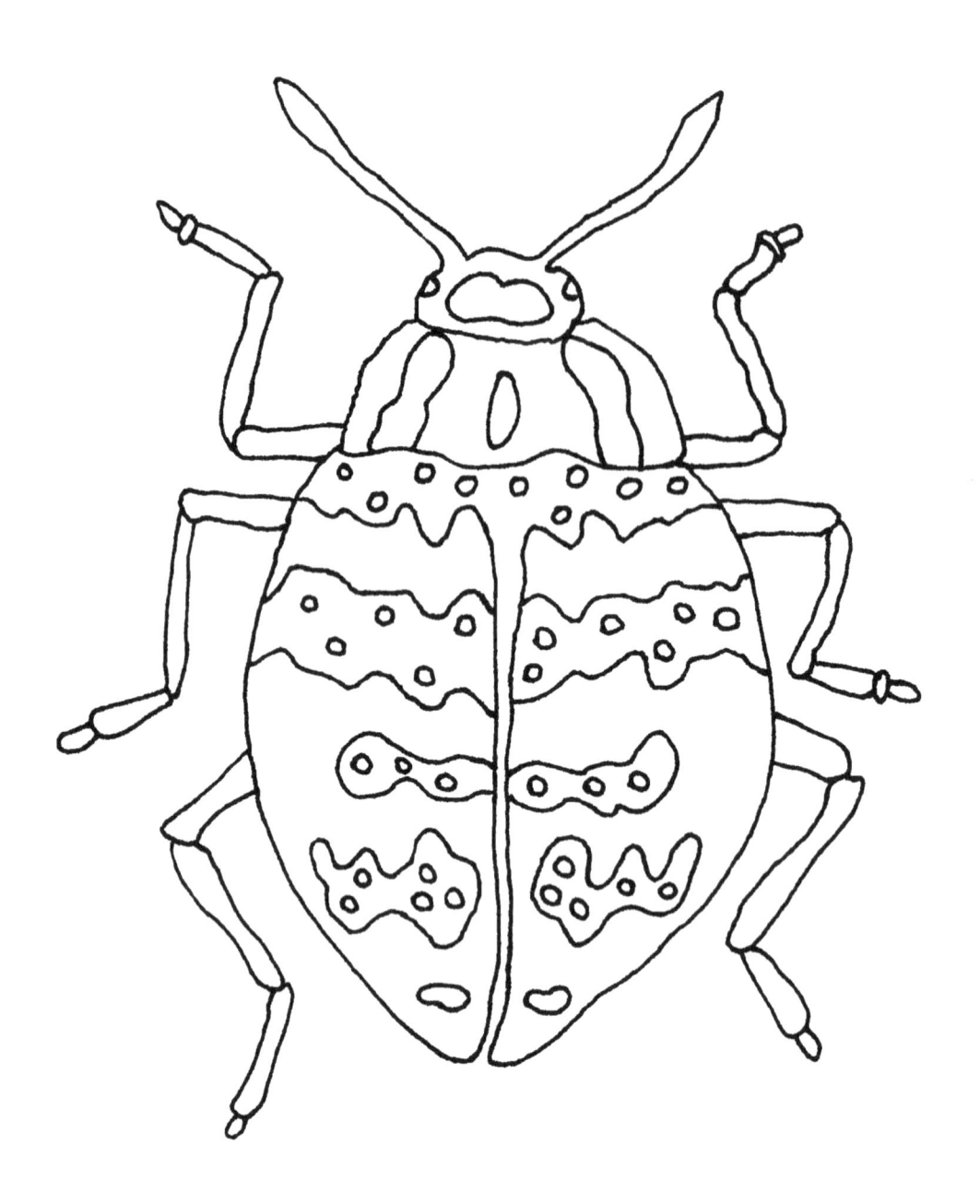

Amazon Insect

Insecto de las Amazonas

Aunt was in a bamboo bed, lying awake late at night in a very dark room in a stick-built house, in the middle of the Amazon jungle. She was afraid. Remembering the lunch boat and a friendly dolphin helped Aunt calm down a little, but she was still frightened by the scream that had awakened her.

La tía estaba en una cama de bambú, despierta muy de noche en un cuarto oscuro en una cama hecha de palos, en medio de la selva amazónica. Tenía miedo. El recuerdo de la lancha con comida y los delfines simpáticos le ayudaba a la tía a tranquilizarse un poco, pero todavía tenía miedo por el grito que le había despertado

Aunt did not know where Fernando and Javier were sleeping. Aunt had not understood what they told her when they left her in the stick-built house. Fernando and Javier spoke mostly Spanish and Aunt spoke mostly English. She didn't always know what they were saying. She wished she could understand Spanish better.

La tía no sabía dónde dormían Fernando y Javier. Ella no había entendido lo que le dijeron cuando la dejaron en la casa hecha de palos. Fernando y Javier hablaban por lo general español y la tía hablaba inglés, por lo tanto, ella no siempre entendía lo que le decían. La tía deseaba poder entender mejor el español.

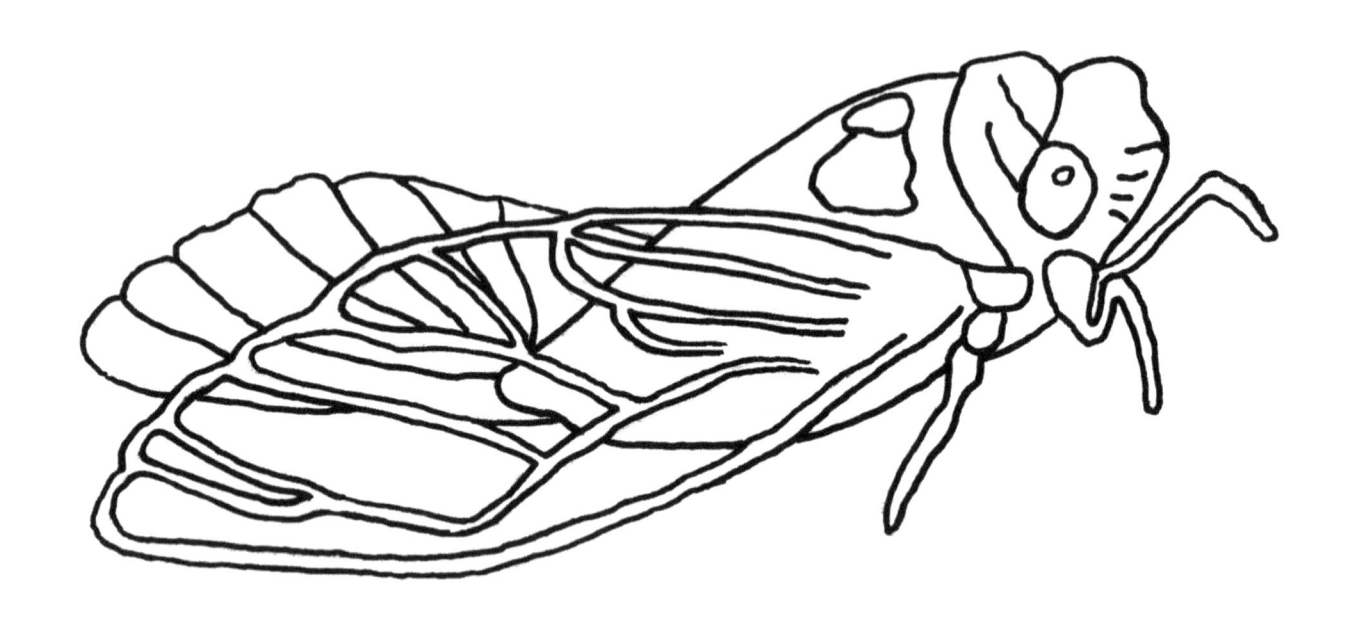

Creatures Call Out in the Middle of the Night

Los animales chillan en medio de la noche

The guides could be somewhere in the jungle. Aunt did not hear the guides at all. There were no human noises, just creatures calling out in the dark night and the really loud scream that had woke her up late at night in the middle of the Amazon jungle.

Los guías podrían estar en otro lugar de la selva. La tía no oía a los guías. No había ruidos de humanos, solamente animales gritando en la noche oscura y el grito que la despertó en la medianoche la selva amazónica.

Aunt laid still in her bamboo bed, while her heart kept beating faster and faster. The bed was not very comfortable. It was made out of flattened bamboo sticks with just a thin blanket on top. Aunt was not used to sleeping on bamboo sticks in the jungle. Her bed at home in the city had cotton, foam and springs, and it was soft, warm and safe.

La tía estaba acostada sobre su cama de bambú mientras sentía el latido de su corazón cada vez más rápido. La cama no era muy cómoda, estaba hecha de palos de bambú aplanados con una cobija muy delgada encima. La tía no estaba acostumbrada a dormir sobre palos en la selva. La cama de su hogar en la ciudad algodón, estaba hecha espuma y resortes y era blandita, calentita y segura.

Aunt Dreams of Bears

La tía sueña con osos

The bamboo bed was hard and Aunt felt like she was sleeping on concrete. She didn't have a pillow and had to roll up a sweatshirt for her head. It was too hot in the jungle for wearing a sweatshirt, so it was more useful as a pillow, although it was not as soft and fluffy.

La cama de bambú, en la jungla era dura y la tía le parecía que estaba durmiendo en cemento. Ella no tenía almohada y tuvo que enrollar una sudadera para su cabeza. Hacía demasiado calor en la selva para usar una sudadera, por lo que era más útil como almohada, aunque no era tan suave ni esponjosa.

There was a fine net hanging from the ceiling that draped all around the bed like a fairy tent. It kept the Amazon insects away from her at night. Aunt certainly didn't like getting chewed on by bugs, particularly ones she hadn't met before. The net was very welcome. It was slight protection but the thin net wall between Aunt and the jungle provided a little feeling of safety. Aunt liked to feel safe when she was sleeping, especially when she was in the jungle.

Había una malla muy fina que estaba colgada del techo que cubría alrededor de la cama como en los cuentos de hadas. Mantenía los insectos amazónicos alejados de ella durante la noche. A la tía definitivamente no le gustaba que le picaran los insectos, particularmente los insectos que no le eran familiares. La malla era muy apreciada. Era muy poca protección, pero la malla fina entre la tía y la selva brindaba un pequeño sentimiento de seguridad. A la tía le gustaba sentirse segura mientras dormía, especialmente en la selva.

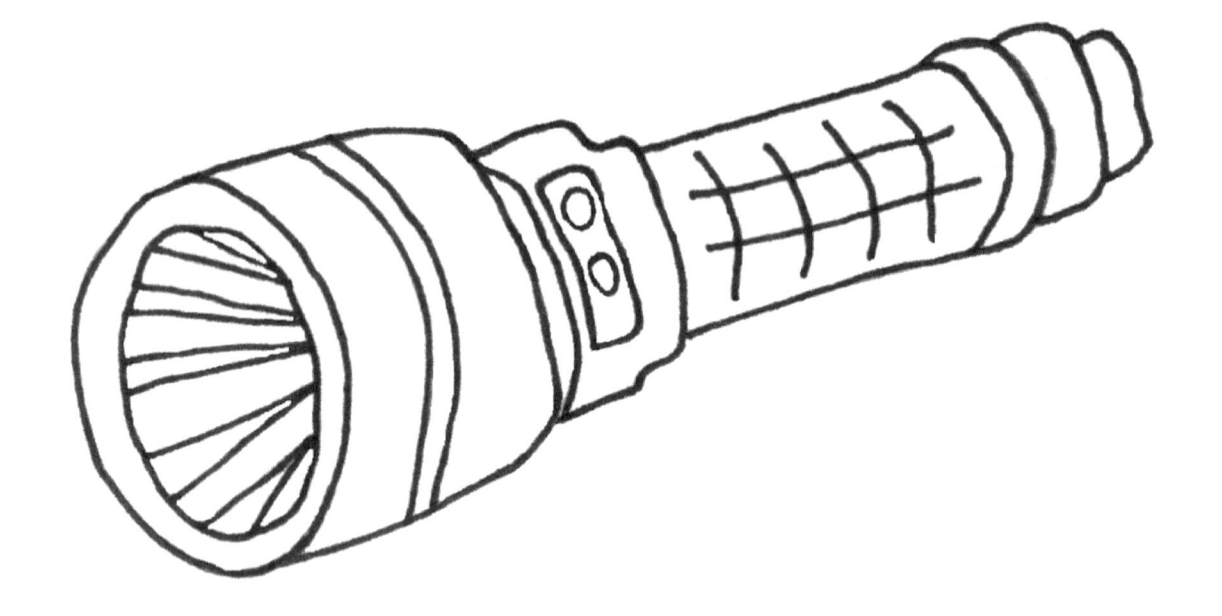

Flashlight

Linterna

Aunt could see absolutely nothing from her bed. It was pitch black. There were no lights anywhere. Stick houses in the middle of the Amazon jungle have no electricity. Aunt did not have a nightlight to help her see. She had a flashlight somewhere near the bed but she would have to lift the hanging net up and reach her hand into the dark to find it.

La tía no podía ver absolutamente nada desde su cama. Estaba completamente oscuro. No había ninguna luz. Las casas de palos en medio de la selva amazónica no tienen electricidad. La tía no tenía una lámpara que la ayudara a ver. Tenía una linterna en algún lugar cerca de la cama, pero habría tenido que levantar la malla y extender la mano en la oscuridad para encontrarla.

Aunt was a little nervous about reaching into the dark. There are spiders in the jungle. She had seen one just that evening. It was a swamp spider.

La tía estaba un poco nerviosa de sacar la mano en la oscuridad. Hay arañas en la selva. Ella había visto una justo ese tarde. Era una araña de pantano.

A Caiman

Un caimán

After dinner and before bedtime, the guides Fernando and Javier had taken Aunt to find caimans in the river. She thought that sounded fun, until the guides told her what a caiman was. A caiman looks like a small crocodile and is just as scary.

Después de la cena y antes de acostarse, los guías Fernando y Javier la habían llevado a buscar caimanes en el río. A la tía le parecía divertido hasta que los guías le dijeron lo que era un caimán. Un caimán es como un pequeño cocodrilo y da igual de miedo.

Aunt and the two guides were in a long wooden canoe looking for caimans when she saw the swamp spider. The guides had made the canoe from a really huge tree that they had chopped down in the rain forest. The canoe did not have an engine. Javier used a wooden paddle to move the boat through the water.

La tía y los dos guías estaban en una angosta canoa de madera en busca de caimanes cuando ella vio la araña del pantano. Los guías habían construido la canoa de un árbol enorme que habían talado en la selva. La canoa no tenía motor. Javier usaba un remo de madera para mover la lancha por el agua.

A Canoe

Una canoa

The guides had helped Aunt into the boat to look for caimans. Fernando the father pushed the canoe away from the bank of the river and the three of them floated slowly down the inky, winding river. The small river was just a finger of the Amazon River, which is so huge one can barely see the other side. It was just after dark and Aunt was told not to use her flashlight very often, because it scared the caimans.

Los guías habían ayudado a la tía a subirse a la lancha para buscar caimanes. Fernando, el padre, había empujado la canoa lejos de la orilla del río y los tres flotaron lentamente sobre las curvas del río oscuro y sinuoso. El río pequeño era un afluente del río Amazonas, tan enorme que es imposible ver el otro lado. Fue justo después de que oscureció cuando la tía le dijeron que no usara su linterna porque espantaría a los caimanes.

Fish Trap

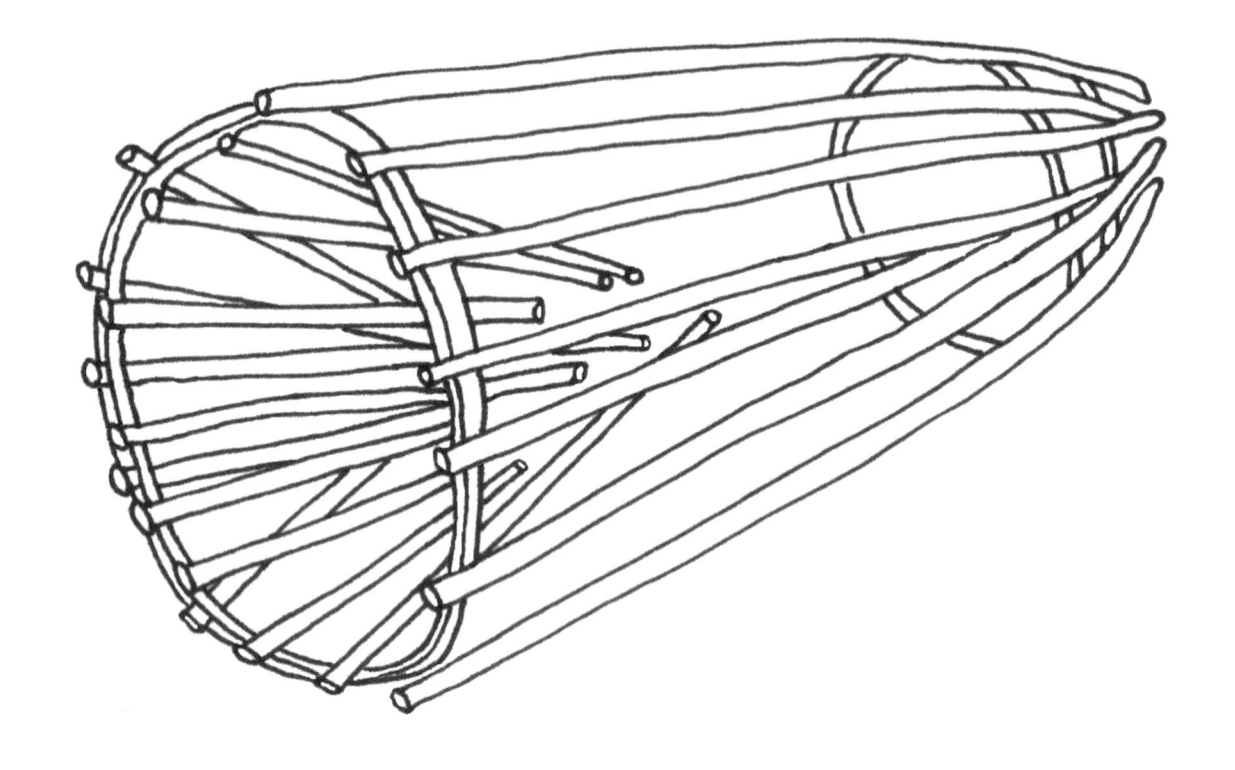

Trampa de peces

Aunt wanted to use her flashlight very badly but wasn't at all interested in scaring even one caiman, let alone two. She didn't know what a scared caiman was likely to do. It just might like to snack on an Aunt. Javier and Fernando the guides were not really looking for caimans. They had set traps to catch fish in the small river. They were looking for their fish trap markers to see if they had caught any fish.

La tía tenía muchas ganas de usar su linterna, pero no le gustaba la idea de espantar a ningún caimán, ni mucho menos a dos. Ella no sabía lo qué haría un caimán asustado. A lo mejor se le antojaba comerse una tía de aperitivo. En realidad, los guías Javier y Fernando no estaban buscando caimanes. Habían tendido trampas para los peces en el río chico. Ahora buscaban sus marcadores de trampas para ver si habían pescado algo.

Fernando said that caimans like to wait by the fish traps thinking they might catch something too. Aunt did not want any caiman to catch her. She kept her hands and fingers inside the dugout canoe. Aunt could hardly see anything, it was so dark, and finally she decided to use her flashlight.

Fernando dijo que a los caimanes les gusta esperar cerca de las trampas, pensando que tal vez ellos pescaran algo también. La tía no quería que ningún caimán la pescara a ella. Mantenía las manos y los dedos dentro de la canoa. No se vislumbraba nada en la oscuridad y por fin decidió usar su linterna.

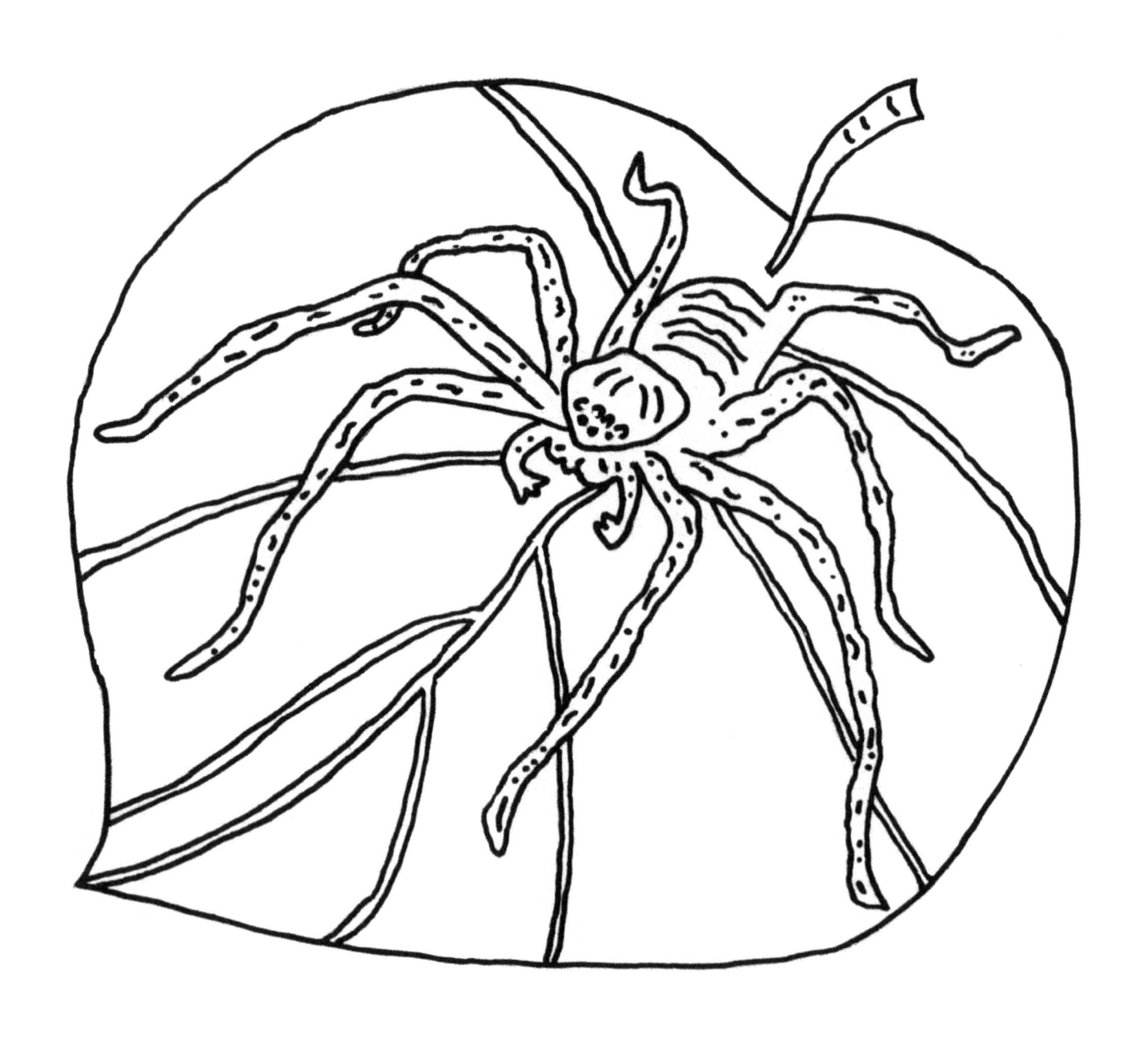

A Giant Spider

Una araña gigante

She wondered what the dark leafy hanging branches looked like. Aunt shined her flashlight on the next low branch and nearly fell out of the canoe from surprise. The biggest spider in the whole world was perched on the leaf that Aunt's flashlight beam illuminated. That spider would barely fit on a dinner plate, it was so big.

Ella se preguntaba qué eran las hojas verdes oscuras que estaban colgando de las ramas muy altas. La tía iluminó su linterna sobre una rama baja y se sorprendió tanto que casi se cae de la canoa pues la araña más grande del mundo entero estaba parada sobre la hoja que ella había iluminado con su linterna. La araña era tan grande que no hubiese cabido en un plato.

Aunt held the beam on the leaf until they passed it. She didn't know if it was a jumping spider and would be prepared just in case. The spider didn't jump but Aunt was certainly jumpy. Aunt wasn't worried about caimans anymore. She was more afraid of spiders than reptiles.

La tía mantuvo enfocada la luz sobre la hoja hasta que la pasaran. No sabía si era una araña saltarina y debía estar preparada por si acaso la araña brincaba, pero no brincó. La tía, en cambio, casi brincó del susto. Los caimanes ya no le preocupaban a la tía pues las arañas eran más aterradoras que los reptiles.

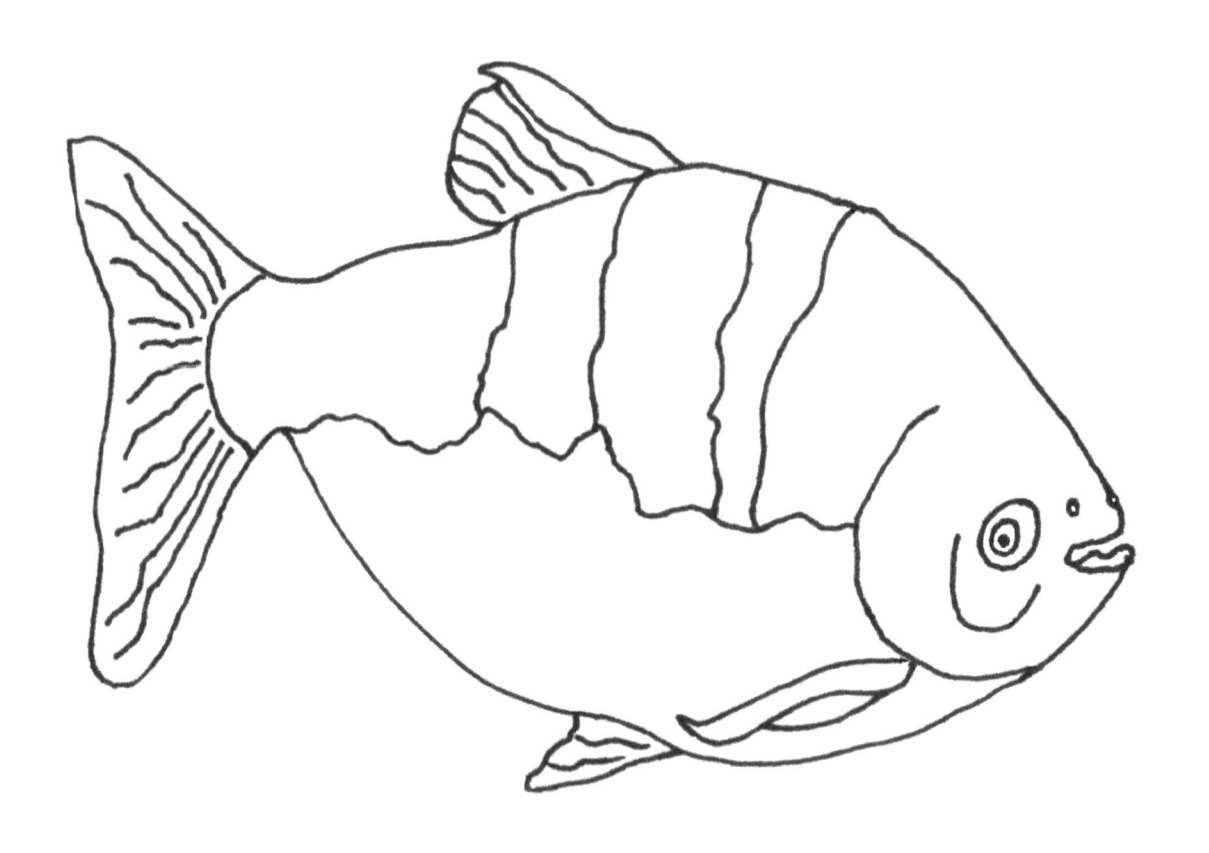

Amazon River Fish

Pez del río Amazonas

Caimans were not spotted and fish were not caught. The canoe returned with only a huge spider sighting to report. The guides were not worried about the spider and laughed at Aunt.

Esa noche no se vio ningún caimán ni pescaron peces. La canoa regresó solamente con el reporte de una araña gigante. A los guías no les preocupaba la araña y se rieron de la tía.

What Could Make the House Shake?

¿Qué podría sacudir la casa?

Aunt was still awake on a hard bamboo bed. Remembering her day did not help Aunt relax at all. She was thinking about bears, caimans, spiders and screams in the dark Amazon jungle night. Aunt did not like thinking about such scary things late at night.

La tía seguía despierta sobre una dura cama de bambú. Los recuerdos del día no le ayudaban a relajarse. Ella estaba pensando en los osos, los caimanes, las arañas y los gritos en la noche oscura de la selva amazónica. A la tía no le gustaba pensar en cosas que le daban tanto miedo en la noche.

There was only a thin net around her bed and a flashlight somewhere in the dark to protect her. Aunt was frightened and she had to use the toilet. The toilet was outside in the jungle. It was far from the house, and the flashlight was just a few feet away.

Solamente había una malla muy fina y una linterna en algún lugar en la oscuridad para protegería. La tía estaba asustada y tenía que usar el baño, pero estaba en la selva, lejos de la casa y la linterna estaba a unos cuantos pies de ella.

To go to the toilet, she needed the flashlight. To get her flashlight, she had to reach out into the darkness. Aunt thought about waiting till the morning. Going to the toilet in the night in the jungle is scary and she was still thinking about the scream she heard. What was that scream?

Para ir al baño, necesitaba la linterna. Para alcanzar la linterna tenía que palpar en la oscuridad. La tía pensó esperar hasta mañana. Ir al baño por la noche en la selva le daba miedo y ella seguía pensando en el grito que había escuchado. ¿Qué habría sido ese grito?

Actual Size
Tamaño real

A Poisonous Frog
Una rana venenosa

Aunt had been to the toilet during the day when it was very light outside. The path to the toilet was narrow and there are poisonous frogs in the Amazon jungle. Sometimes the frogs liked to hop on the path to the Amazon toilet. Javier told Aunt not to touch frogs in the jungle.

La tía había ido al baño durante el día, cuando todavía había mucha luz. El camino hacia el baño era estrecho y había ranas venenosas en la Amazona. A veces a las ranas les gustaba brincar en el camino hacia el baño. Javier le dijo a la tía que no tocara las ranas de la selva.

The poison on their skin keeps the other animals away. It protects them. A poisonous frog was in the middle of the path to the toilet just that morning, and Aunt did not touch it even though it looked friendly. She waited till the frog hopped off the path and then continued to the Amazon toilet.

El veneno de su piel las protege y mantiene alejados a los otros animales. Ese mismo día la tía había visto una rana venenosa en el camino al baño y ella no la tocó, aunque parecía amigable. Ella esperó a que la rana se fuera brincando y luego siguió su camino hacia el baño.

Scratchy Leaf

Hoja rasposa

The Amazon toilet looked nothing like the shining white porcelain one in her tidy bathroom back home. Aunt could not find a door to the bathroom because there wasn't one. There were no walls for privacy, no sink to wash her hands in and no toilet to sit on.

El baño amazónico no se parecía nada al de porcelana blanca que brillaba en el bonito baño de su casa. La tía no podía encontrar la puerta del baño porque no había ninguna. Tampoco había paredes para tener privacidad, ni para lavarse las manos, ni retrete donde sentarse.

There was just a small clearing and a piece of metal on the ground. The Amazon toilet was a simple hole in the ground with a piece of corrugated metal for the lid.

Solamente había un espacio abierto con una lámina de metal en el suelo. El baño del Amazonas era un sencillo hoyo en el suelo con una pieza de metal corrugado para taparlo.

Aunt was a little shy at first and looked around to see if there were any people close by before she squatted and showed her bare behind. There were no other people so deep in the Amazon jungle and Aunt really had to use the toilet. Aunt carefully lifted the lid and checked for insects and poisonous frogs before using it.

A la tía le daba vergüenza al principio y miraba por todos lados para ver si había alguien cerca antes de ponerse en cuclillas y mostrar su trasero. No había nadie en lo más profundo de la selva y la tía tenía muchas ganas de usar el baño. Antes de usarlo, la tía cuidadosamente levantó la tapa y miró a ver si había insectos y ranas venenosas.

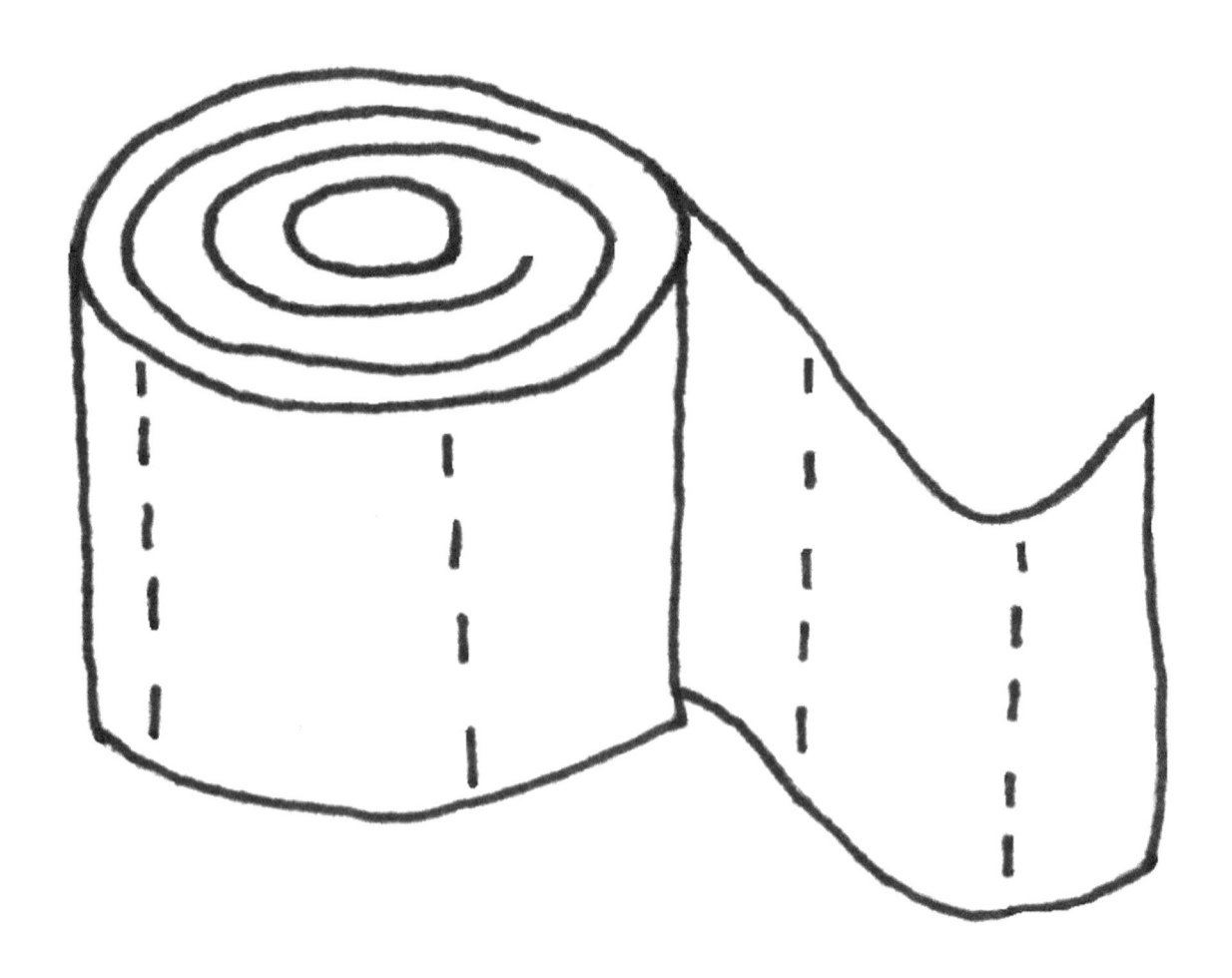

Toilet Paper

Papel higiénico

You don't have to flush the Amazon toilet because there is no running water. Aunt just put the lid back down to cover the hole. It was the polite thing to do, so another person wouldn't fall in accidentally. That would be a very stinky experience.

No hace falta limpiar el baño del Amazonas con un chorro de agua, porque no hay agua corriente en la selva. La tía solamente volvió a ponerle la tapa para cubrir el hoyo. Era lo más correcto, para que otra persona no se cayera en el hoyo accidentalmente. Esa sería una experiencia muy apestosa.

Aunt always carried her own toilet paper in the jungle. Toilet paper does not grow on trees in the jungle and Aunt did not like to use scratchy leaves that might have spiders on them.

La tía siempre llevaba su papel higiénico en la selva pues este no crece en los árboles y a la tía no le gustaba usar hojas rasposas que podían tener arañas.

Rifle

Rifle

Aunt could not go back to sleep, from thinking of poisonous frogs and stinky toilets in the night. Her heart was still beating fast while she lay awake on that hard bamboo bed and thought more about the scream that woke her up.

En medio de la noche la tía no podía volver a dormirse, pensando en las ranas venenosas y en los baños apestosos. El corazón todavía le palpitaba rápidamente mientras estaba acostada y despierta sobre su dura cama de bambú y ella pensaba más sobre el grito que le había despertado.

Maybe it was a jaguar. The guides had taken her on a jungle walk that afternoon to look at interesting plants, trees and maybe jaguars. Fernando wore shorts and boots, brought a machete and carried a rifle on his shoulder. He said it might be dangerous if they saw a jaguar.

Tal vez fuera un jaguar. Los guías la habían llevado a una caminata en la selva para ver plantas y árboles interesantes y tal vez ver jaguares. Fernando, llevaba pantalones cortos y botas y tenía un machete y un rifle sobre su hombro. Él dijo que era peligroso si vieran un jaguar.

A Jaguar Has Sharp Teeth

Un jaguar tiene dientes afilados

Aunt had seen a jaguar once in a zoo. It is a really big cat with sharp claws and spotted fur. They did not see a large or even small jaguar that day. They saw many different kinds of trees and plants that were good for you to eat. Aunt was happy that they didn't see a jaguar.

La tía había visto un jaguar una vez en el zoológico. Era como un gato muy grande con garras muy filosas y la piel manchas. Ellos no vieron ninguno ni grande ni pequeño ese día. Vieron muchos diferentes tipos de árboles y plantas que eran buenos para comer. La tía estaba contenta porque no vieron un jaguar.

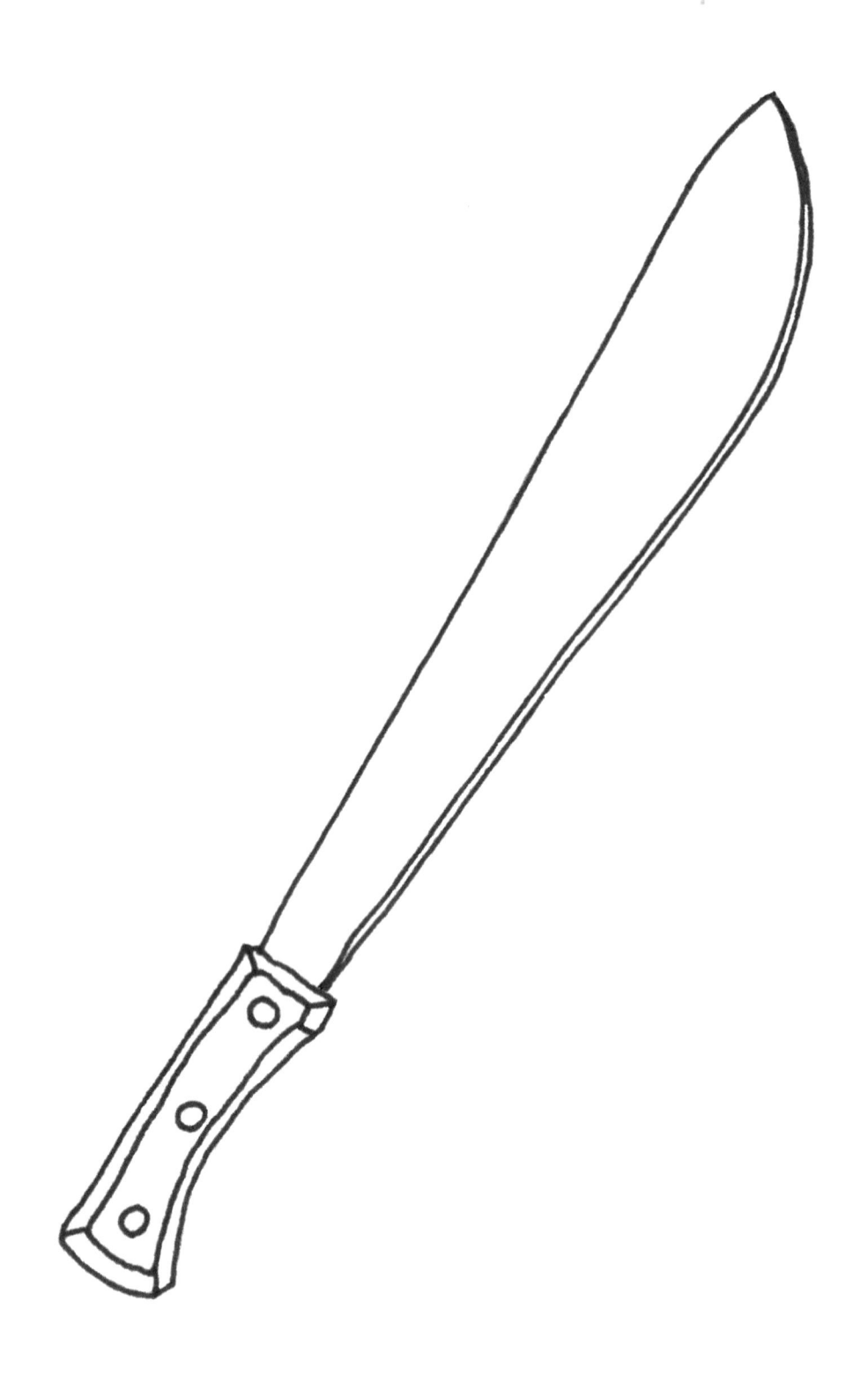

A Machete

Un machete

After looking for jaguars, Aunt ate a tree for lunch. Fernando cut down a particular palm tree with his machete for Aunt's lunch. A machete is a kind of knife used for cutting trails through jungles. Fernando's machete was big and sharp.

Después de buscar jaguares, la tía comió un árbol para el almuerzo. Fernando cortó una palmera con su machete para que la tía almorzara. Un machete es un tipo de cuchillo usado para abrir senderos por la selva. El machete de Fernando era grande y afilado.

Fernando cut the branches off the top of the tree, the roots from the bottom and carried the palm log back to the stick house. There are many kinds of palm trees in the Amazon jungle. The tree that Aunt ate was called a sabal palmetto or sometimes a cabbage palm tree.

Fernando cortó ramas de arriba y raíces de abajo y llevó el tronco de palmera a la casa de palos. Hay muchos tipos de palmeras en la selva amazónica. El árbol que la tía comió se llama palmito o a veces repollo palmera.

Aunt didn't have to eat the whole tree. The log was only four feet long. Fernando gave the palm tree log to his son Javier to prepare for lunch.

La tía no tuvo que comer el árbol completo. El tronco medía solamente cuatro pies de largo. Fernando le dio el tronco de la palmera a su hijo Javier para preparar el almuerzo.

Aunt Ate a Tree for Lunch

La tía comió un árbol para el almuerzo

Javier shaved all of the bark off the tree and began to peel the soft inside layers. A palm tree can be peeled like rope from a spool and there were many fat green ribbons of palm tree in no time. Javier placed those palm tree ribbons on a plate with lemon for Aunt to eat.

Javier peló la corteza del tronco y empezó a pelar tiras delgadas. Una palmera se pela como si fuera una cuerda que se saca de su carrete y en muy poco tiempo había muchas cintas gordas y verdes de palma. Javier puso las cintas de la palmera en un plato con limón para la tía comiera.

The palm tree looked like green spaghetti. Javier called that special dish heart of palm tree salad. Aunt ate heart of palm tree salad for lunch and quite liked it. It did not taste like green spaghetti. It tasted like a nice fresh green salad and was very healthy. Aunt liked eating trees for lunch.

La palmera era como espagueti verde. Javier llamó a este platillo tan especial ensalada de corazón de palmera. La tía comió la ensalada de corazón palmera para el almuerzo y sí que le gustó. No sabía a espagueti verde. Sabía cómo una fresca ensalada verde y era muy saludable. A la tía le gustó comer árboles para el almuerzo.

Jungle Path

Un camino de la selva

Thinking about jungle walks, salads, jaguars, poisonous frogs, giant spiders and caimans did not help Aunt relax at all. She was still awake. Her bed was still uncomfortable. She was still frightened about the scream she had heard and she still had to go to the toilet.

Pensando en caminatas por la selva, ensaladas, jaguares, ranas venenosas, arañas grandes y caimanes a la tía no le ayudaba a relajarse para nada. Ella estaba despierta y su cama era muy incómoda. Ella todavía estaba asustada por el grito que había escuchado y tenía que ir al baño.

Aunt was also very, very hot in her bamboo bed under her protective net in the Amazon jungle. It is awfully humid in a tropical jungle climate. The air was steamy and heavy. Aunt longed for a cool shower but there was no sink, no bathtub and no cool running water in the stick-built house.

La tía también tenía mucho calor en su cama de bambú dentro de la malla en la selva amazónica. El clima de la selva tropical era increíblemente húmedo. El aire estaba vaporoso y pesado. La tía anhelaba una ducha con agua fría, pero no había un lavamanos, ni tina, ni agua corriente y refrescante en la casa hecha de palos.

No Bathtub in the Jungle

No hay tina en la selva

She had visited the Amazon bath in the afternoon and she was certainly not going back there in the middle of the night just to cool down. The Amazon bath was nothing like her neatly tiled white shower and tub with cool or hot running water whenever she liked. At home her bath was inside the house and Aunt did not have to go outside in the dark to take a bath or shower. Aunt longed for her tiled bathroom but here was no sink, no tub or running water in the house made of sticks.

Por la tarde ella había visitado el baño amazónico y de ninguna manera pensaba ir hasta allá a media noche sólo para refrescarse. El baño amazónico no se parecía a nada a su luminosa ducha de azulejos blancos y tina con agua corriente fría o caliente cuando quisiera. Allá su baño se encontraba dentro de la casa y la tía no tenía que salir a la oscuridad para bañarse o ducharse. La tía añoraba su baño de azulejos embaldosados, pero aquí no había lavamanos, ni tina y tampoco agua corriente en la casa hecha de palos.

There were snakes in her Amazon bath. It was a natural jungle bathing place. Just before dark, Aunt was desperate for a bath. She was stinky and sweaty from her jungle walk. She had asked her guide Javier about taking a bath or shower and he took her to a small muddy river. Her guide told her that in the jungle everyone took baths in the small rivers by their stick houses.

Había culebras en su baño amazónico, pues era un lugar de baño de la selva natural. Justo antes de oscurecer la tía se sentía desesperada por bañarse. Ella olía mal y estaba sudada por su caminata en la selva. Ella le preguntó a su guía Javier dónde podía bañarse, así que él la llevó a un pequeño río lodoso. Su guía le dijo que en la selva todos se bañaban en los ríos pequeños cerca de sus casas de palos.

There Are Snakes in Rivers

Hay culebras en los ríos

Aunt looked in the river and it was so dark she couldn't see the bottom. She wondered what might be hiding in the dark river water. Aunt looked at her guide's feet and hands. She was not going in that dark river if her guides had any toes and fingers bitten off. It was the same river that the caiman liked, after all. Javier had all of his toes and fingers.

La tía vió el río y era tan oscuro que no podía ver el fondo. Se preguntaba qué podría esconderse en las aguas negras del río. La tía miraba los pies y manos de sus guías. Si les faltaban dedos de los pies o manos, ella no se metería en el río oscuro. A fin de cuentas, era el mismo río que le gustaba al caimán. Javier todavía tenía todos los dedos de sus manos y de sus pies.

Swimsuit and Plastic Sandals

Traje de baño y sandalias de plástico

Aunt decided to go in the river because she was unbearably hot. She wore plastic shoes and a swimsuit. Aunt would take no chances going in without clothes. A caiman might try to bite her bare bottom and she would be very embarrassed jumping out of the river with no clothes on. Aunt did not like running around naked in the jungle.

La tía decidió meterse en el río porque tenía demasiado calor. Ella tenía puestos un par de zapatos de plástico y un traje de baño. La tía no se iba a arriesgar a meterse en el río sin ropa, un caimán podría intentar morderle el trasero. Si tuviera que salir del río sin ropa, ella se sentiría muy avergonzada. No le gustaba la idea de correr desnuda por la selva.

Aunt did not see any caiman but she did see a turtle, a fish and a snake. Some snakes are poisonous in the Amazon River. The snake that she saw was not very big and was not coming towards her but Aunt got out of the Amazon bath very quickly. The snake might have brothers and sisters that she didn't want to meet.

La tía no vió ningún caimán, pero sí vió una tortuga, un pez y una culebra. Algunas culebras en el río Amazonas son venenosas. La culebra que ella vió no era muy grande y no venía hacia ella, pero la tía salió rápidamente del río. La culebra tal vez tuviera hermanos y hermanas y ella no quería conocerlos.

A Turtle

Una tortuga

Aunt's bath was refreshing. Aunt was cooled down, still had all her fingers and toes and was not running naked in the jungle after her bath. She would look for snakes first, before she took another Amazon bath though.

Ella se había refrescado, todavía tenía todos los dedos de sus pies y de sus manos, y no estaba corriendo desnuda por la selva amazónica después de bañarse. La próxima vez la tía iría a buscar culebras antes de bañarse en la amazónica.

Aunt tried not to think about spiders, caimans, poisonous frogs, dangerous jaguars, snakes in the river and screaming Amazon creatures. She was still awake after her nightmare and still had to use the toilet down the path in the jungle and it was so dark outside.

La tía intentaba no pensar en arañas, caimanes, ranas venenosas, jaguares peligrosos, culebras en el río y criaturas gritando en el Amazonas. Ella todavía estaba despierta después de su pesadilla y tenía que ir al baño que estaba en el camino largo en la selva y estaba muy oscuro afuera.

Creatures Outside

Animales afuera

She was thinking about what to do about going to the toilet when suddenly the stick-built house was shaking. It felt like an earthquake. Aunt became very quiet and held still in her bamboo bed in the dark Amazon night.

Ella estaba pensando en lo qué hacer cuando de repente empezó a sacudirse la casa hecha de palos. Parecía un temblor. La tía se quedó quieta y sin moverse en su cama de bambú en la noche oscura del Amazonas.

What could make the house shake? Something big must be coming.

¿Por qué se sacudiría la casa? Algo terrible debería estar pasando.

There are no doors and windows on stick-built jungle houses. Creatures could come in very easily and the house was very near the river.

No hay puertas ni ventanas en las casas de la selva hechas de palos. Los animales podrían entrar muy fácilmente pues estaba muy cerca del río.

Caiman Don't Scream

Caimán no grita

Aunt wondered if a caiman would come into the house. She didn't think that caimans would like a stick house, and they don't scream in the night. A jaguar might enter a stick house and is a dangerous animal that screams in the middle of the night in the Amazon jungle. She knew there were frogs outside the house, but they don't know how to scream. The frogs were also too small to enter the house.

La tía se preguntaba si un caimán podría entrar a la casa. Ella no pensaba que a los caimanes les gustaría una casa hecha de palos y además no gritan por la noche. En cambio, a un jaguar tal vez le gustaría entrar a una casa hecha de palos y es un animal peligroso que grita en la profundidad de la noche en la selva amazónica. Ella sabía que había ranas afuera de la casa, pero no sabían gritar y eran demasiado pequeñas para entrar en la casa.

Aunt's heart was beating faster as she waited to see what was coming for her in her bamboo bed with just a thin net to protect her in the jungle. The creature must be very big to make the house shake. It must be really dangerous to scream so loud in the night. Aunt was scared.

El corazón de la tía palpitaba muy rápidamente. Ella esperaba que viniera hacia ella en la cama de bambú que solamente tenía una malla delgada para protegerla en la selva. El animal tenía que ser muy grande para hacer que la casa se sacudiera y tenía que ser extremadamente peligroso para gritar tan fuerte por la noche. La tía tenía miedo.

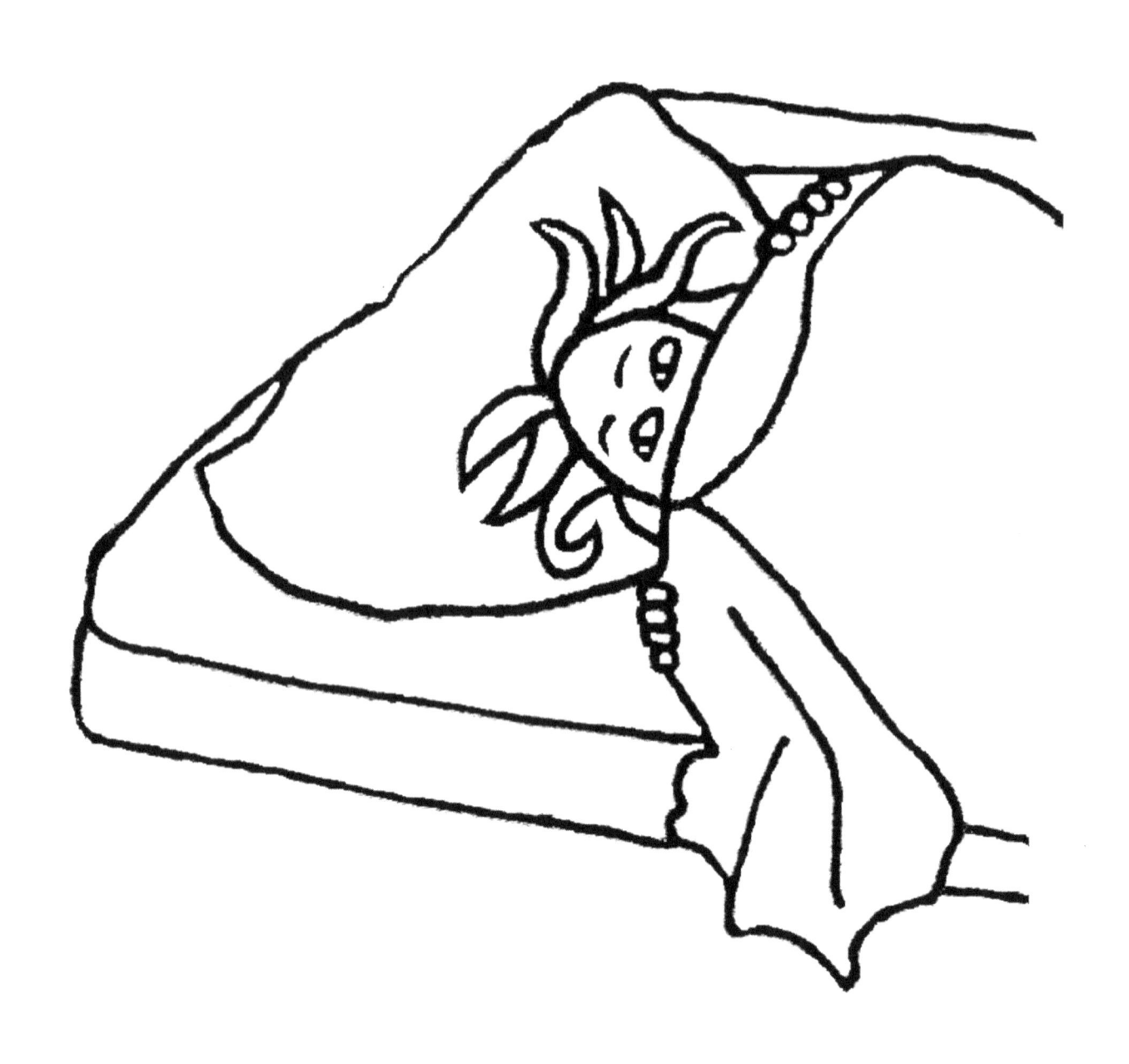

Aunt Hears a Scream

La tía oye un grito

Suddenly there was the loudest scream Aunt had ever heard. Aunt was awake this time when the creature screamed. She recognized the sound. Aunt knew what was coming. She knew what she was frightened of and it was right under her bed!

De repente oyó el grito más fuerte que la tía jamás había oído. La tía estaba despierta esta vez cuando el animal gritó. Ella reconoció el sonido. La tía supo entonces qué era lo que venía. ¡Ella ya sabía lo que le había asustado y estaba justo debajo de su cama!

It was a chicken that was squawking in the middle of the night in the Amazon jungle, flapping and beating its wings to shake the stick-built house. The chicken was under the floor, under Aunt's bamboo bed.

¡Era un pollo que estaba cacareando en medio de la noche en la selva amazónica, aleteando y golpeando sus alas y sacudiendo la casa hecha de palos. El pollo estaba bajo el piso, abajo de la cama de bambú de la tía.

Chickens Are Not Scary

Los pollos no asustan

Aunt had seen chickens roosting under the stick-built house earlier that day. The chickens liked to perch on the sticks that held the house up. It was safe and cool under the house. They must have been worried about jaguars and other jungle creatures, too.

La tía había visto pollos descansando debajo de la casa hecha de palos ese mismo día. Les gustaba sentarse sobre los palos que sostenían la casa. Era más fresco y más seguro por los pollos. Seguramente les asustaban los jaguares y otros animales de la selva también.

Chickens are not very scary. They don't have sharp teeth, they don't have poisonous skin and they definitely don't jump on you from trees along the river in the dark. Aunt decided that chickens weren't at all frightening creatures and she rather liked chickens.

Los pollos normalmente no causan miedo. No tienen dientes afilados tampoco tienen piel venenosa y definitivamente no brincan sobre ti desde los árboles en la oscuridad cerca del río. La tía decidió que los pollos no causan miedo y hasta le gustaban.

Aunt in the Amazon

La tía en la selva amazónica

Aunt's heart was not beating so fast anymore and she didn't feel so afraid. After all, she was thinking about chickens. Aunt lifted up the fine net surrounding her, reached out for her flashlight, turned it on and got out of her bamboo bed. There were no spiders, no caimans, no poisonous frogs, no jaguars and no snakes in her room. Aunt smiled because she felt a little embarrassed. She left her room and walked down the quiet moonlit path to the Amazon toilet.

Aunt most certainly was not afraid of a chicken!

El corazón de la tía ya no latía tan rápidamente y ya no tenía tanto miedo. A fin de cuentas, se trataba de una gallina. Levantó la malla, alcanzó su linterna, la prendió y se puso de pie desde su cama de bambú. No había arañas, ni caimanes ni ranas venenosas, tampoco jaguares y mucho menos culebras en su cuarto. La tía sonrió y estaba un poco avergonzada. Caminó por la colina verdosa hacia el baño amazónico.

De ninguna manera ella le iba a tener miedo a un pollo...

The Author

Diane Wallace is an author, artist, world traveler, and constant collector of information. Some of that information becomes a story and some of it becomes an art project. She describes herself as "a creator of things" ---these include books, kimonos, paintings, costumes or even wire sculptures. Her articles have appeared in numerous publications and her costumes have swept across theater stages from Washington State to Southern Oregon.

Ms. Wallace, who lives in Jacksonville, Oregon, holds a B.S. degree in textiles, design, and business.

Diane Wallace es autora, artista, viajera mundial y una coleccionista constante de información. Parte de esa información se convierte en una historia y otra en un proyecto de arte. Se describe a sí misma como una "creadora de cosas", ---esas incluyen libros, kimonos, pinturas, vestuarios y también esculturas de alambre. Sus artículos han aparecido en numerosas publicaciones y sus trajes han pasado por los escenarios teatrales desde el estado de Washington hasta el sur de Oregón.

La Señorita Wallace vive en Jacksonville, Oregón, y tiene una licenciatura en textiles, diseño y negocios.

Acknowledgments

A special thanks to Jessie Johnson, who insisted at a Thanksgiving family gathering that I read one of my stories out loud—a story written for her great-granddaughter (and my niece), Madeline Wallace. I have to thank my entire family for their support and encouragement through this project's long metamorphosis from simple story to bilingual coloring book. Thank you, Wallaces!

The book became bilingual with the patient help of Arturo Sierra, who spent many hours helping me translate the text at a small coffee shop in Bucerías, México. What a great guy!

A big thanks to my constant friend Cynthia Sharp for all the practical, legal and logical advice she shared and to Lynn James, my most enthusiastic encourager. A special thanks to Laurie Light who believed in my ability to draw the illustrations.

And much gratitude to all my Hispanic friends—particularly Irene Villoria Chalakee, Char Prieto and Maura Colin Mota—who graciously helped fine tune the Spanish text. I take all blame for any incorrect Spanish.

Reconocimientos

Un agradecimiento especial a Jessie Johnson, quien insistió en una reunión familiar de Acción de Gracias, que escribiera cuando leí en voz alta mi historia escrita para su bisnieta, (y mi sobrina) Madeline Wallace. Tengo que agradecer a toda mi familia por ser una gran fuente de apoyo de este proyecto a través de una larga metamorfosis desde una simple historia hasta un libro para colorear bilingüe. ¡Gracias, Wallaces!

El libro se covirtió en bilingüe con la paciente ayuda de Arturo Sierra, quien pasó muchas horas ayudándome a traducir el texto en una pequeña cafetería en Bucerías, México. ¡Qué gran chico!

Un gran agradecimiento a mi amiga constante Cynthia Sharp por todos los prácticos consejos, legales y lógicos que compartió y a Lynn James mi animadora más entusiasta. Un agradecimiento especial a Laurie Light, quien creyó en mi capacidad de dibujar todas las ilustraciones.

Muchas gracias a todos mis amigos hispanos (particularmente a Irene Villoria Chalakee, a Char Prieto y a Maura Colin Mota) quienes gentilmente ayudaron a refinar el libro en español. Asumo toda la reponsabilidad por español incorrecto.

Copyright © 2020 Diane Wallace
All rights reserved

Illustrations by the author

Published by Wallace, Inc.
Jacksonville, Oregon

ISBN: 9780578625522

This book contains images and text protected under International and Federal Copyright Laws and Treaties. No part of this book may be reproduced or transmitted in any form or by any means whatsoever without express written permission from the author.

Designed and produced by
Lucky Valley Press, www.luckyvalleypress.com

Printed in the United States of America on acid-free paper.

Copyright © 2020 Diane Wallace
Todos los derechos reservados

Ilustraciones por la autora

Publicado por Wallace, Inc.
Jacksonville, Oregon

ISBN: 9780578625522

Este libro contiene imágenes y textos protegidos por leyes y tratados internacionales y federales sobre derechos de autor. Ninguna parte de este libro puede reproducirse o transmitirse de ninguna forma ni por ningún medio sin el permiso expreso por escrito del autor.

Diseñado y producido por
Lucky Valley Press, www.luckyvalleypress.com

Imprimido en los Estados Unidos de América en el papel sin ácido.

CPSIA information can be obtained
at www.ICGtesting.com
Printed in the USA
BVHW021504171022
649628BV00002B/51

9 780578 625522